Cambridge Plain Texts

MOLIÈRE

L'AMOUR MÉDECIN
LE SICILIEN

T0346130

MOLIÈRE

L'AMOUR MÉDECIN
LE SICILIEN

CAMBRIDGE
AT THE UNIVERSITY PRESS
1922

CAMBRIDGE UNIVERSITY PRESS
Cambridge, New York, Melbourne, Madrid, Cape Town,
Singapore, São Paulo, Delhi, Mexico City

Cambridge University Press
The Edinburgh Building, Cambridge CB2 8RU, UK

Published in the United States of America by Cambridge University Press, New York

www.cambridge.org
Information on this title: www.cambridge.org/9781107677531

First published 1922
Re-issued 2013

A catalogue record for this publication is available from the British Library

ISBN 978-1-107-67753-1 Paperback

NOTE

THE theme of a lover who gains access to a jealously-guarded mistress on the plea of instruction or some other professional duty is a hackneyed one, but it can still charm the young and those who sympathise with youth, and it lends itself to many variations. Shakespeare used it for *The Taming of the Shrew*, making *L'Amour musicien* the rival of *L'Amour pédagogue*; Molière built on it two whole comedies—*L'Amour médecin* and *Le Sicilien ou l'Amour peintre*; and Beaumarchais, in *Le Barbier de Séville*, gave another version of *L'Amour musicien*.

L'Amour médecin, written and rehearsed in five days, was Molière's second experiment, *Les Fâcheux* being the first, in *comédie-ballet*, that form of entertainment, so popular at the Court of Louis XIV, in which Comedy joined hands with Music and Dance. It was also Molière's first attack in force on the medical profession, and it may be noted that the masterly scenes (Act II, Scenes IV and V) in which the four doctors—thinly-disguised portraits of fashionable practitioners of the day—meet in consultation are only a slight caricature of an actual consultation which took place four years earlier, when Mazarin lay dying.

Le Sicilien ou l'Amour peintre is not only a *comédie-ballet* in itself, being interspersed with songs and dances, but it formed the fourteenth and last *entrée* of the *Ballet des Muses*, which was a brilliant feature of the great fêtes at Saint-Germain in the winter of 1666–1667. With its subtle combination of charm and *esprit*, it foreshadows the eighteenth century of Watteau and Fragonard, of the *Théâtre-Italien* and the *Opéra-Comique*. It only requires the addition of music throughout to make it a true opera of the lighter kind. Much of it is written in rhymeless *vers libres*:

> Chut...n'avancez pas davantage,
> Et demeurez dans cet endroit,
> Jusqu'à ce que je vous appelle.
> Il fait noir comme dans un four:
> Le ciel s'est habillé ce soir en Scaramouche,
> Et je ne vois pas une étoile
> Qui montre le bout de son nez.

It may therefore be regarded as a metrical experiment leading up to *Amphitryon*, in which *vers libres* are employed throughout. For both these *comédies-ballets* Lulli composed the music, and it was with his music that *Le Sicilien* was played in London on July 17, 1917, by members of the University of London French Club. It might well be revived in honour of Molière's tercentenary.

A. TILLEY.

January, 1922.

L'AMOUR MÉDECIN

COMÉDIE

1665

AU LECTEUR

Ce n'est ici qu'un simple crayon, un petit impromptu, dont le Roi a voulu se faire un divertissement. Il est le plus précipité de tous ceux que Sa Majesté m'ait commandés ; et, lors que je dirai qu'il a été proposé, fait, appris et représenté en cinq jours, je ne dirai que ce qui est vrai. Il n'est pas nécessaire de vous avertir qu'il y a beaucoup de choses qui dépendent de l'action. On sait bien que les comédies ne sont faites que pour être jouées ; et je ne conseille de lire celle-ci qu'aux personnes qui ont des yeux pour découvrir dans la lecture tout le jeu du théâtre ; ce que je vous dirai, c'est qu'il seroit à souhaiter que ces sortes d'ouvrages pussent toujours se montrer à vous avec les ornements qui les accompagnent chez le Roi. Vous les verriez dans un état beaucoup plus supportable, et les airs et les symphonies de l'incomparable Monsieur Lully, mêlés à la beauté des voix et à l'adresse des danseurs, leur donnent, sans doute, des grâces dont ils ont toutes les peines du monde à se passer.

PROLOGUE

LA COMÉDIE, LA MUSIQUE ET LE BALLET

La Comédie.

Quittons, quittons notre vaine querelle,
Ne nous disputons point nos talents tour à tour,
Et d'une gloire plus belle
Piquons-nous en ce jour :
Unissons-nous tous trois d'une ardeur sans seconde,
Pour donner du plaisir au plus grand roi du monde.

Tous Trois.

Unissons-nous......

La Comédie.

De ses travaux, plus grands qu'on ne peut croire,
Il se vient quelquefois délasser parmi nous :
Est-il de plus grande gloire,
Est-il bonheur plus doux ?
Unissons-nous tous trois......

Tous Trois.

Unissons-nous......

PERSONNAGES

SGANARELLE, père de Lucinde.

AMINTE.

LUCRÈCE.

M. GUILLAUME, vendeur de tapisseries.

M. JOSSE, orfévre.

LUCINDE, fille de Sganarelle.

LISETTE, suivante de Lucinde.

M. TOMÈS,

M. DES FONANDRÈS,

M. MACROTON, } médecins.

M. BAHYS,

M. FILERIN,

CLITANDRE, amant de Lucinde.

UN NOTAIRE.

L'OPÉRATEUR, Orviétan.

Plusieurs trivelins et scaramouches.

LA COMÉDIE.

LA MUSIQUE.

LE BALLET.

La scène est à Paris, dans une salle de la maison de Sganarelle.

L'AMOUR MÉDECIN

COMÉDIE

ACTE PREMIER

SCENE PREMIÈRE

SGANARELLE, AMINTE, LUCRÈCE, M. GUILLAUME, M. JOSSE

Sganarelle. Ah! l'étrange chose que la vie! et que je puis bien dire avec ce grand philosophe de l'antiquité que qui terre a guerre a, et qu'un malheur ne vient jamais sans l'autre! Je n'avais qu'une seule femme, qui est morte.

M. Guillaume. Et combien donc en vouliez-vous avoir?

Sganarelle. Elle est morte, Monsieur mon ami; cette perte m'est très sensible, et je ne puis m'en ressouvenir sans pleurer. Je n'étois pas fort satisfait de sa conduite, et nous avions le plus souvent dispute ensemble; mais enfin la mort rajuste toutes choses. Elle est morte, je la pleure. Si elle étoit en vie, nous nous querellerions. De tous les enfants que le Ciel m'avoit donnés, il ne m'a laissé qu'une fille, et cette fille est toute ma peine. Car enfin je la vois dans une mélancolie la plus sombre du monde, dans une tristesse épouvantable, dont il n'y a pas moyen de la retirer, et dont je ne saurois même apprendre la cause. Pour moi, j'en perds l'esprit, et j'aurois besoin d'un bon conseil sur cette matière. (*A Lucrèce*), Vous êtes ma nièce; (*à Aminte*), vous, ma voisine; (*à M. Guillaume et à M. Josse*), et vous, mes compères et mes amis: je vous prie de me conseiller tous ce que je dois faire.

M. Josse. Pour moi, je tiens que la braverie et l'ajustement est la chose qui réjouit le plus les filles; et, si j'étois que de vous, je lui achèterois dès aujourd'hui une belle garniture de diamants, ou de rubis, et d'émeraudes.

M. Guillaume. Et moi, si j'étois en votre place, j'achèterois une belle tenture de tapisserie de verdure, ou à personnages, que je ferois mettre à sa chambre, pour lui réjouir l'esprit et la vue.

Aminte. Pour moi, je ne ferois point tant de façon, et je la marierois fort bien, et le plus tôt que je pourrois, avec cette personne qui vous la fit, dit-on, demander il y a quelque temps.

Lucrèce. Et moi, je tiens que votre fille n'est point du tout propre pour le mariage. Elle est d'une complexion trop délicate et trop peu saine, et c'est la vouloir envoyer bientôt en l'autre monde que de l'exposer, comme elle est, à faire des enfants. Le monde n'est point du tout son fait, et je vous conseille de la mettre dans un couvent, où elle trouvera des divertissements qui seront mieux de son humeur.

Sganarelle. Tous ces conseils sont admirables assurément; mais je les tiens un peu intéressés, et trouve que vous me conseillez fort bien pour vous. Vous êtes orfévre, Monsieur Josse, et votre conseil sent son homme qui a envie de se défaire de sa marchandise. Vous vendez des tapisseries, Monsieur Guillaume, et vous avez la mine d'avoir quelque tenture qui vous incommode. Celui que vous aimez, ma voisine, a, dit-on, quelque inclination pour ma fille, et vous ne seriez pas fâchée de la voir la femme d'un autre. Et quant à vous, ma chère nièce, ce n'est pas mon dessein, comme on sait, de marier ma fille avec qui que ce soit, et j'ai mes raisons pour cela; mais le conseil que vous me donnez de la faire religieuse est d'une femme qui pourroit bien souhaiter charitablement d'être mon héritière universelle. Ainsi, Messieurs et Mesdames, quoique tous vos conseils soient des meilleurs du monde, vous trouverez bon, s'il vous plaît, que je n'en suive aucun. Voilà de mes donneurs de conseils à la mode!

SCÈNE II

LUCINDE, SGANARELLE

SGANARELLE. Ah! voilà ma fille qui prend l'air. Elle ne me voit pas. Elle soupire. Elle lève les yeux au ciel. (*A Lucinde.*) Dieu vous garde! Bonjour, ma mie. Hé bien! qu'est-ce? comme vous en va? Hé! quoi! toujours triste et mélancolique comme cela, et tu ne veux pas me dire ce que tu as. Allons donc, découvre-moi ton petit cœur. Là, ma pauvre mie, dis, dis; dis tes petites pensées à ton petit papa mignon. Courage! Veux-tu que je te baise? Viens. (*A part.*) J'enrage de la voir de cette humeur-là. (*A Lucinde.*) Mais dis-moi, me veux-tu faire mourir de déplaisir, et ne puis-je savoir d'où vient cette grande langueur? Découvre-m'en la cause, et je te promets que je ferai toutes choses pour toi. Oui, tu n'as qu'à me dire le sujet de ta tristesse; je t'assure ici et te fais serment qu'il n'y a rien que je ne fasse pour te satisfaire. C'est tout dire. Est-ce que tu es jalouse de quelqu'une de tes compagnes que tu vois plus brave que toi? et seroit-il quelque étoffe nouvelle dont tu voulusses avoir un habit? Non. Est-ce que ta chambre ne te semble pas assez parée, et que tu souhaiterois quelque cabinet[1] de la foire Saint-Laurent? Ce n'est pas cela. Aurois-tu envie d'apprendre quelque

---

[1] *Cabinet*, buffet à plusieurs compartiments, surtout à l'usage des femmes.

chose, et veux-tu que je te donne un maître pour te montrer
à jouer du clavecin? Nenni. Aimerois-tu quelqu'un, et
souhaiterois-tu d'être mariée?

(*Lucinde lui fait signe que c'est cela.*)

SCÈNE III

LISETTE, SGANARELLE, LUCINDE

Lisette. Hé bien, Monsieur, vous venez d'entretenir
votre fille. Avez-vous su la cause de sa mélancolie?

Sganarelle. Non, c'est une coquine qui me fait en-
rager.

Lisette. Monsieur, laissez-moi faire, je m'en vais la
sonder un peu.

Sganarelle. Il n'est pas nécessaire; et, puisqu'elle veut
être de cette humeur, je suis d'avis qu'on l'y laisse.

Lisette. Laissez-moi faire, vous dis-je. Peut-être
qu'elle se découvrira plus librement à moi qu'à vous. Quoi!
Madame, vous ne nous direz point ce que vous avez, et
vous voulez affliger ainsi tout le monde? Il me semble
qu'on n'agit point comme vous faites, et que, si vous avez
quelque répugnance à vous expliquer à un père, vous n'en
devez avoir aucune à me découvrir votre cœur. Dites-moi,
souhaitez-vous quelque chose de lui? Il nous a dit plus
d'une fois qu'il n'épargneroit rien pour vous contenter.
Est-ce qu'il ne vous donne pas toute la liberté que vous
souhaiteriez, et les promenades et les cadeaux ne tenteroient-
ils point votre âme? Heu. Avez-vous reçu quelque déplaisir de quelqu'un? Heu. N'auriez-vous point quelque
secrète inclination avec qui vous souhaiteriez que votre père
vous mariât? Ah! je vous entends. Voilà l'affaire. Que
diable! pourquoi tant de façons? Monsieur, le mystère est
découvert; et...

SGANARELLE, *l'interrompant.* Va, fille ingrate, je ne te veux plus parler, et je te laisse dans ton obstination.

LUCINDE. Mon père, puisque vous voulez que je vous dise la chose...

SGANARELLE. Oui, je perds toute l'amitié que j'avois pour toi.

LISETTE. Monsieur, sa tristesse...

SGANARELLE. C'est une coquine qui me veut faire mourir.

LUCINDE. Mon père, je veux bien...

SGANARELLE. Ce n'est pas la récompense de t'avoir élevée comme j'ai fait.

LISETTE. Mais, Monsieur...

SGANARELLE. Non, je suis contre elle dans une colère épouvantable.

LUCINDE. Mais, mon père...

SGANARELLE. Je n'ai plus aucune tendresse pour toi.

LISETTE. Mais...

SGANARELLE. C'est une friponne.

LUCINDE. Mais...

SGANARELLE. Une ingrate.

LISETTE. Mais...

SGANARELLE. Une coquine qui ne me veut pas dire ce qu'elle a.

LISETTE. C'est un mari qu'elle veut.

SGANARELLE, *faisant semblant de ne pas entendre.* Je l'abandonne.

LISETTE. Un mari.

SGANARELLE. Je la déteste.

LISETTE. Un mari.

SGANARELLE. Et la renonce pour ma fille.

LISETTE. Un mari.

SGANARELLE. Non, ne m'en parlez point.

LISETTE. Un mari.

SGANARELLE. Ne m'en parlez point.

LISETTE. Un mari.

SGANARELLE. Ne m'en parlez point.

LISETTE. Un mari, un mari, un mari.

SCÈNE IV

LISETTE, LUCINDE

LISETTE. On dit bien vrai: qu'il n'y a point de pires
sourds que ceux qui ne veulent point entendre.

LUCINDE. Hé bien! Lisette, j'avais tort de cacher mon
déplaisir, et je n'avois qu'à parler pour avoir tout ce que je
souhaitois de mon père, tu le vois.

LISETTE. Par ma foi! voilà un vilain homme, et je vous
avoue que j'aurois un plaisir extrême à lui jouer quelque
tour. Mais d'où vient donc, Madame, que jusqu'ici vous
m'avez caché votre mal?

LUCINDE. Hélas! de quoi m'auroit servi de te le découvrir
plus tôt? et n'aurois-je pas autant gagné à le tenir caché
toute ma vie? Crois-tu que je n'aie pas bien prévu tout ce
que tu vois maintenant, que je ne susse pas à fond tous les
sentiments de mon père, et que le refus qu'il a fait porter à
celui qui m'a demandée par un ami n'ait pas étouffé dans
mon âme toute sorte d'espoir?

LISETTE. Quoi? c'est cet inconnu qui vous a fait demander, pour qui vous...

LUCINDE. Peut-être n'est-il pas honnête à une fille de
s'expliquer si librement; mais enfin je t'avoue que, s'il
m'étoit permis de vouloir quelque chose, ce seroit lui que je
voudrois. Nous n'avons eu ensemble aucune conversation,
et sa bouche ne m'a point déclaré la passion qu'il a pour
moi; mais, dans tous les lieux où il m'a pu voir, ses regards

et ses actions m'ont toujours parlé si tendrement, et la demande qu'il a fait faire de moi m'a paru d'un si honnête homme, que mon cœur n'a pu s'empêcher d'être sensible à ses ardeurs; et cependant tu vois où la dureté de mon père réduit toute cette tendresse.

Lisette. Allez, laissez-moi faire. Quelque sujet que j'aie de me plaindre de vous du secret que vous m'avez fait, je ne veux pas laisser desservir votre amour; et, pourvu que vous ayez assez de résolution...

Lucinde. Mais que veux-tu que je fasse contre l'autorité d'un père? Et, s'il est inexorable à mes vœux...

Lisette. Allez, allez, il ne faut pas se laisser mener comme un oison; et, pourvu que l'honneur n'y soit pas offensé, on peut se libérer un peu de la tyrannie d'un père. Que prétend-il que vous fassiez? N'êtes-vous pas en âge d'être mariée? et croit-il que vous soyez de marbre? Allez, encore un coup, je veux servir votre passion, je prends dès à présent sur moi tout le soin de ses intérêts, et vous verrez que je sais des détours... Mais je vois votre père, rentrons, et me laissez agir.

SCÈNE V

SGANARELLE

Il est bon quelquefois de ne point faire semblant d'entendre les choses qu'on n'entend que trop bien; et j'ai fait sagement de parer la déclaration d'un désir que je ne suis pas résolu de contenter. A-t-on jamais rien vu de plus tyrannique que cette coutume où l'on veut assujettir les pères? rien de plus impertinent et de plus ridicule que d'amasser du bien avec de grands travaux, et élever une fille avec beaucoup de soin et de tendresse, pour se dépouiller de l'un et de l'autre entre les mains d'un homme qui ne nous touche de rien? Non, non: je me moque de cet usage, et je veux garder mon bien et ma fille pour moi.

SCÈNE VI

LISETTE, SGANARELLE

LISETTE (*feignant de ne pas voir Sganarelle*). Ah! malheur! ah! disgrâce! ah! pauvre Seigneur Sganarelle, où pourrai-je te rencontrer?

SGANARELLE. Que dit-elle là?

LISETTE (*même jeu*). Ah! misérable père? que feras-tu quand tu sauras cette nouvelle?

SGANARELLE. Que sera-ce?

LISETTE. Ma pauvre maîtresse!

SGANARELLE. Je suis perdu.

LISETTE. Ah!

SGANARELLE. Lisette.

LISETTE. Quelle infortune!

SGANARELLE. Lisette.

LISETTE. Quel accident!

SGANARELLE. Lisette.

LISETTE. Quelle fatalité!

SGANARELLE. Lisette.

LISETTE. Ah! Monsieur!

SGANARELLE. Qu'est-ce?

LISETTE. Monsieur...

SGANARELLE. Qu'y a-t-il?

LISETTE. Votre fille...

SGANARELLE. Ah! ah!

LISETTE. Monsieur, ne pleurez donc point comme cela, car vous me feriez rire.

SGANARELLE. Dis donc vite.

LISETTE. Votre fille, toute saisie des paroles que vous lui

avez dites et de la colère effroyable où elle vous a vu contre elle, est montée vite dans sa chambre, et, pleine de désespoir, a ouvert la fenêtre qui regarde sur la rivière.

SGANARELLE. Hé bien?

LISETTE. Alors, levant les yeux au ciel: "Non, a-t-elle dit, il m'est impossible de vivre avec le courroux de mon père, et, puisqu'il me renonce pour sa fille, je veux mourir."

SGANARELLE. Elle s'est jetée.

LISETTE. Non, Monsieur: elle a fermé tout doucement la fenêtre, et s'est allée mettre sur son lit. Là, elle s'est prise à pleurer amèrement, et tout d'un coup son visage à pâli, ses yeux se sont tournés, le cœur lui a manqué, et elle m'est demeurée entre les bras.

SGANARELLE. Ah, ma fille!

LISETTE. A force de la tourmenter, je l'ai fait revenir; mais cela lui reprend de moment en moment, et je crois qu'elle ne passera pas la journée.

SGANARELLE. Champagne, Champagne, Champagne, vite, qu'on m'aille querir des médecins, et en quantité; on n'en peut trop avoir dans une pareille aventure. Ah, ma fille! ma pauvre fille!

PREMIER ENTR'ACTE

Champagne en dansant frappe aux portes de quatre médecins, qui dansent et entrent avec cérémonie chez le père de la malade.

FIN DU PREMIER ACTE

ACTE II

SCÈNE PREMIÈRE

SGANARELLE, LISETTE

Lisette. Que voulez-vous donc faire, Monsieur, de quatre médecins? N'est-ce pas assez d'un pour tuer une personne?

Sganarelle. Taisez-vous. Quatre conseils valent mieux qu'un.

Lisette. Est-ce que votre fille ne peut pas bien mourir sans le secours de ces Messieurs-là?

Sganarelle. Est-ce que les Médecins font mourir?

Lisette. Sans doute, et j'ai connu un homme qui prouvoit par bonnes raisons qu'il ne faut jamais dire: "Une telle personne est morte d'une fièvre et d'une fluxion sur la poitrine," mais: "Elle est morte de quatre médecins et de deux apothicaires."

Sganarelle. Chut. N'offensez pas ces Messieurs-là.

Lisette. Ma foi! Monsieur, notre chat est réchappé depuis peu d'un saut qu'il fit du haut de la maison dans la rue, et il fut trois jours sans manger et sans pouvoir remuer ni pied ni patte; mais il est bien heureux de ce qu'il n'y a point de chats médecins, car ses affaires étaient faites, et ils n'auroient pas manqué de le purger et de le saigner.

Sganarelle. Voulez-vous vous taire? vous dis-je. Mais voyez quelle impertinence! Les voici.

Lisette. Prenez garde, vous allez être bien édifié: ils vous diront en latin que votre fille est malade.

SCÈNE II

Messieurs TOMÈS, DES FONANDRÈS, MACROTON, BAHYS, médecins, SGANARELLE, LISETTE

Sganarelle. Hé bien! Messieurs?

M. Tomès. Nous avons vu suffisamment la malade, et sans doute qu'il y a beaucoup d'impuretés en elle.

Sganarelle. Ma fille est impure?

M. Tomès. Je veux dire qu'il y a beaucoup d'impuretés dans son corps, quantité d'humeurs corrompues.

Sganarelle. Ah! je vous entends.

M. Tomès. Mais...nous allons consulter ensemble.

Sganarelle. Allons, faites donner des sièges.

Lisette, *à M. Tomès.* Ah! Monsieur, vous en êtes?

Sganarelle. De quoi donc connoissez-vous Monsieur?

Lisette. De l'avoir vu l'autre jour chez la bonne amie de Madame votre nièce.

M. Tomès. Comment se porte son cocher?

Lisette. Fort bien, il est mort.

M. Tomès. Mort?

Lisette. Oui.

M. Tomès. Cela ne se peut.

Lisette. Je ne sais pas si cela se peut, mais je sais bien que cela est.

M. Tomès. Il ne peut pas être mort, vous dis-je.

Lisette. Et moi, je vous dis qu'il est mort et enterré.

M. Tomès. Vous vous trompez.

Lisette. Je l'ai vu.

M. Tomès. Cela est impossible. Hippocrate dit que ces sortes de maladies ne se terminent qu'au quatorze ou au vingt-et-un, et il n'y a que six jours qu'il est tombé malade.

Lisette. Hippocrate dira ce qu'il lui plaira, mais le cocher est mort.

Scanarelle. Paix! discoureuse. Allons, sortons d'ici. Messieurs, je vous supplie de consulter de la bonne manière. Quoi que ce ne soit pas la coutume de payer auparavant, toutefois, de peur que je l'oublie, et afin que ce soit une affaire faite, voici...

> (*Il les paye, et chacun, en recevant de l'argent,
> fait un geste différent.*)

SCÈNE III

Messieurs DES FONANDRÈS, TOMÈS, MACROTON et BAHYS

(*Ils s'asseyent et toussent.*)

M. Des Fonandrès. Paris est étrangement grand, et il faut faire de longs trajets quand la pratique donne un peu.

M. Tomès. Il faut avouer que j'ai une mule admirable pour cela, et qu'on a peine à croire le chemin que je lui fais faire tous les jours.

M. Des Fonandrès. J'ai un cheval merveilleux, et c'est un animal infatigable.

M. Tomès. Savez-vous le chemin que ma mule a fait aujourd'hui? J'ai été premièrement tout contre l'Arsenal; de l'Arsenal au bout du faubourg Saint-Germain; du faubourg Saint-Germain au fond du Marais; du fond du Marais à la porte Saint-Honoré; de la porte Saint-Honoré au faubourg Saint-Jacques; du faubourg Saint-Jacques à la porte de Richelieu; de la porte de Richelieu ici; et d'ici je dois aller encore à la place Royale.

M. Des Fonandrès. Mon cheval a fait tout cela aujourd'hui; et de plus j'ai été à Ruel voir un malade.

M. Tomès. Mais, à propos, quel parti prenez-vous dans
la querelle des deux médecins Théophraste et Artémius?
car c'est une affaire qui partage tout notre corps.

M. Des Fonandrès. Moi, je suis pour Artémius.

M. Tomès. Et moi aussi. Ce n'est pas que son avis,
comme on a vu, n'ait tué le malade, et que celui de
Théophraste ne fut beaucoup meilleur assurément; mais
enfin il a tort dans les circonstances, et il ne devoit pas être
d'un autre avis que son ancien. Qu'en dites-vous?

M. Des Fonandrès. Sans doute. Il faut toujours garder
les formalités, quoi qu'il puisse arriver.

M. Tomès. Pour moi, j'y suis sévère en diable, à moins
que ce soit entre amis, et l'on nous assembla un jour trois de
nous autres avec un médecin de dehors pour une consultation, où j'arrêtai toute l'affaire et ne voulus point endurer
qu'on opinât si les choses n'alloient dans l'ordre. Les gens
de la maison faisoient ce qu'ils pouvoient, et la maladie
pressoit; mais je n'en voulus point démordre, et la malade
mourut bravement pendant cette contestation.

M. Des Fonandrès. C'est fort bien fait d'apprendre aux
gens à vivre; et de leur montrer leur bec jaune.

M. Tomès. Un homme mort n'est qu'un homme mort,
et ne fait point de conséquence; mais une formalité négligée
porte un notable préjudice à tout le corps des médecins.

SCÈNE IV

SGANARELLE, Messieurs TOMÈS, DES FONANDRÈS,
MACROTON et BAHYS

Sganarelle. Messieurs, l'oppression de ma fille aug-
mente, je vous prie de me dire vite ce que vous avez résolu.

M. Tomès. Allons, Monsieur.

M. Des Fonandrès. Non, Monsieur, parlez, s'il vous plaît.

M. Tomès. Vous vous moquez.

M. Des Fonandrès. Je ne parlerai pas le premier.

M. Tomès. Monsieur!

M. Des Fonandrès. Monsieur!

Sganarelle. Hé! de grâce, Messieurs, laissez toutes ces cérémonies, et songez que les choses pressent.

M. Tomès. (*Ils parlent tous quatre ensemble.*) La maladie de votre fille...

M. Des Fonandrès. L'avis de tous ces Messieurs tous ensemble...

M. Macroton. Après avoir bien consulté...

M. Bahys. Pour raisonner...

Sganarelle. Hé! Messieurs, parlez l'un après l'autre, de grâce!

M. Tomès. Monsieur, nous avons raisonné sur la maladie de votre fille, et mon avis, à moi, est que cela procède d'une grande chaleur de sang: ainsi je conclus à la saigner le plus tôt que vous pourrez.

M. Des Fonandrès. Et moi, je dis que sa maladie est une pourriture d'humeurs causée par une trop grande réplétion: ainsi je conclus à lui donner de l'émétique.

M. Tomès. Je soutiens que l'émétique la tuera.

M. Des Fonandrès. Et moi, que la saignée la fera mourir.

M. Tomès. C'est bien à vous de faire l'habile homme.

M. Des Fonandrès. Oui, c'est à moi, et je vous prêterai le collet en tout genre d'érudition.

M. Tomès. Souvenez-vous de l'homme que vous fîtes crever ces jours passés.

M. Des Fonandrès. Souvenez-vous de la dame que vous avez envoyée en l'autre monde il y a trois jours.

M. Tomès, *à Sganarelle.* Je vous ai dit mon avis.

M. Des Fonandrès, *à Sganarelle.* Je vous ai dit ma pensée.

M. Tomès. Si vous ne faites saigner tout à l'heure votre fille, c'est une personne morte.

M. Des Fonandrès. Si vous la faites saigner, elle ne sera pas en vie dans un quart d'heure.

SCÈNE V

SGANARELLE, Messieurs MACROTON
et BAHYS, médecins

Sganarelle. A qui croire des deux, et quelle résolution prendre sur des avis si opposés? Messieurs, je vous conjure de déterminer mon esprit, et de me dire sans passion ce que vous croyez le plus propre à soulager ma fille.

M. Macroton, *il parle en allongeant ses mots.* Mon-si-eur, dans ces ma-ti-è-res-là, il faut pro-cé-der a-vec-que cir-con-spection, et ne ri-en faire, com-me on dit, à la vo-lé-e, d'au-tant que les fau-tes qu'on y peut fai-re sont, se-lon no-tre maî-tre Hip-po-cra-te, d'u-ne dan-ge-reu-se con-sé-quen-ce.

M. Bahys, *celui-ci parle toujours en bredouillant.* Il est vrai. Il faut bien prendre garde à ce qu'on fait. Car ce ne sont pas ici des jeux d'enfant; et, quand on a failli, il n'est pas aisé de réparer le manquement et de rétablir ce qu'on a gâté. *Experimentum periculosum.* C'est pourquoi il s'agit de raisonner auparavant comme il faut, de peser mûrement les choses, de regarder le tempérament des gens, d'examiner les causes de la maladie, et de voir les remèdes qu'on y doit apporter.

Sganarelle. L'un va en tortue, et l'autre court la poste.

M. Macroton. Or, Mon-si-eur, pour ve-nir au fait, je trou-ve que vo-tre fil-le a u-ne ma-la-di-e chro-ni-que, et

qu'el-le peut pé-ri-cli-ter si on ne lui don-ne du se-cours;
d'au-tant que les sym-ptô-mes qu'el-le a sont in-di-ca-tifs
d'u-ne va-peur fu-li-gi-neu-se et mor-di-can-te, qui lui
pi-co-te les mem-bra-nes du cer-veau. Or cet-te va-peur,
que nous nom-mons en grec *at-mos*, est causée par des
hu-meurs pu-tri-des, te-na-ces et con-glu-ti-neu-ses, qui sont
con-te-nues dans le bas-ven-tre.

M. Bahys. Et, comme ces humeurs ont été là engendrées
par une longue succession de temps, elles s'y sont recuites, et
ont acquis cette malignité qui fume vers la région du cerveau.

M. Macroton. Si bi-en donc que, pour ti-rer, dé-ta-
cher, ar-ra-cher, ex-pul-ser, é-va-cu-er les-di-tes hu-meurs,
il fau-dra u-ne pur-ga-ti-on vi-gou-reuse. Mais, au pré-a-
la-ble, je trou-ve à pro-pos, et il n'y a pas d'in-con-vé-ni-ent,
d'u-ser de pe-tits remè-des a-no-dins, c'est-à-di-re de pe-tits
la-ve-ments ré-mol-li-ents et dé-ter-sifs, de ju-leps et de
si-rops ra-fraî-chis-sants, qu'on mê-le-ra dans sa pti-sa-ne.

M. Bahys. Après nous en viendrons à la purgation et à
la saignée, que nous réitérerons s'il en est besoin.

M. Macroton. Ce n'est pas qu'a-vec tout ce-la, vo-tre
fil-le ne puis-se mou-rir; mais au moins vous au-rez fait
quel-que cho-se, et vous aurez la con-so-la-ti-on qu'el-le
se-ra mor-te dans les for-mes.

M. Bahys. Il vaut mieux mourir selon les règles que de
réchapper contre les règles.

M. Macroton. Nous vous di-sons sin-cè-re-ment no-tre
pen-sé-e.

M. Bahys. Et nous avons parlé comme nous parlerions
à notre propre frère.

Sganarelle, *à monsieur Macroton.* Je vous rends très
hum-bles grâ-ces. (*A monsieur Bahys.*) Et vous suis infini-
ment obligé de la peine que vous avez prise.

SCÈNE VI

SGANARELLE

Me voilà justement un peu plus incertain que je n'étois auparavant. Morbleu! il me vient une fantaisie: il faut que j'aille acheter de l'orviétan, et que je lui en fasse prendre. L'orviétan est un remède dont beaucoup de gens se sont bien trouvés.

SCÈNE VII

L'OPÉRATEUR, SGANARELLE

SGANARELLE. Holà! Monsieur, je vous prie de me donner une boîte de votre orviétan que je m'en vais vous payer.

L'OPÉRATEUR, *chantant.*

L'or de tous les climats qu'entoure l'Océan
Peut-il jamais payer ce secret d'importance?
Mon remède guérit, par sa rare excellence,
Plus de maux qu'on n'en peut nombrer dans tout un an.

　　　　　La gale,
　　　　　La rogne,
　　　　　La teigne,
　　　　　La fièvre,
　　　　　La peste,
　　　　　La goutte,
　　　　　Vérole,
　　　　　Descente,
　　　　　Rougeole,
　　O grande puissance de l'orviétan!

SGANARELLE. Monsieur, je crois que tout l'or du monde n'est pas capable de payer votre remède; mais voici une pièce de trente sols que vous prendrez, s'il vous plaît.

L'Opérateur, *chantant.*

Admirez mes bontés, et le peu qu'on vous vend
Ce trésor merveilleux que ma main vous dispense,
Vous pouvez avec lui braver en assurance
Tous les maux que sur nous l'ire du Ciel répand:

La gale,
La rogne,
La teigne,
La fièvre,
La peste,
La goutte,
Vérole,
Descente,
Rougeole,

O grande puissance de l'orviétan!

DEUXIÈME ENTR'ACTE

Plusieurs Trivelins et plusieurs Scaramouches, valets de
l'opérateur, se réjouissent en dansant.

FIN DU SECOND ACTE

ACTE III

Messieurs FILERIN, TOMÈS, et DES FONANDRÈS

M. Filerin. N'avez-vous point de honte, Messieurs, de
montrer si peu de prudence, pour des gens de votre âge, et
de vous être querellés comme de jeunes étourdis ? Ne
voyez-vous pas bien quel tort ces sortes de querelles nous
font parmi le monde ? et n'est-ce pas assez que les savants
voient les contrariétés et les dissensions qui sont entre nos
auteurs et nos anciens maîtres, sans découvrir au peuple,
par nos débats et nos querelles, la forfanterie de notre art ?
Pour moi, je ne comprends rien du tout à cette méchante
politique de quelques-uns de nos gens. Et il faut confesser
que toutes ces contestations nous ont décriés, depuis peu,
d'une étrange manière, et que, si nous n'y prenons garde,
nous allons nous ruiner nous-mêmes. Je n'en parle pas pour
mon intérêt, car, Dieu merci, j'ai déjà établi mes petites
affaires. Qu'il vente, qu'il pleuve, qu'il grêle, ceux qui sont
morts sont morts, et j'ai de quoi me passer des vivants. Mais
enfin toutes ces disputes ne valent rien pour la médecine.
Puisque le Ciel nous fait la grâce que depuis tant de siècles
on demeure infatué de nous, ne désabusons point les
hommes avec nos cabales extravagantes, et profitons de leur
sottise le plus doucement que nous pourrons. Nous ne
sommes pas les seuls, comme vous savez, qui tâchons à nous
prévaloir de la foiblesse humaine. C'est là que va l'étude de
la plupart du monde, et chacun s'efforce de prendre les
hommes par leur foible, pour en tirer quelque profit. Les
flatteurs, par exemple, cherchent à profiter de l'amour que

les hommes ont pour les louanges, en leur donnant tout le vain encens qu'ils souhaitent; et c'est un art où l'on fait, comme on voit, des fortunes considérables. Les alchimistes tâchent à profiter de la passion que l'on a pour les richesses, en promettant des montagnes d'or à ceux qui les écoutent, et les diseurs d'horoscope, par leurs prédictions trompeuses, profitent de la vanité et de l'ambition des crédules esprits. Mais le plus grand foible des hommes, c'est l'amour qu'ils ont pour la vie, et nous en profitons, nous autres, par notre pompeux galimatias, et savons prendre nos avantages de cette vénération que la peur de mourir leur donne pour notre métier. Conservons-nous donc dans le degré d'estime où leur foiblesse nous a mis, et soyons de concert auprès des malades pour nous attribuer les heureux succès de la maladie, et rejeter sur la nature toutes les bévues de notre art. N'allons point, dis-je, détruire sottement les heureuses préventions d'une erreur qui donne du pain à tant de personnes.

M. Tomès. Vous avez raison en tout ce que vous dites; mais ce sont chaleurs de sang dont parfois on n'est pas le maître.

M. Filerin. Allons donc, Messieurs, mettez bas toute rancune, et faisons ici votre accommodement.

M. Des Fonandrès. J'y consens. Qu'il me passe mon émétique pour la malade dont il s'agit, et je lui passerai tout ce qu'il voudra pour le premier malade dont il sera question.

M. Filerin. On ne peut pas mieux dire, et voilà se mettre à la raison.

M. Des Fonandrès. Cela est fait.

M. Filerin. Touchez donc là. Adieu. Une autre fois, montrez plus de prudence.

SCÈNE II

Messieurs TOMÈS, DES FONANDRÈS, LISETTE

Lisette. Quoi? Messieurs, vous voilà, et vous ne songez pas à réparer le tort qu'on vient de faire à la médecine?

M. Tomès. Comment! qu'est-ce?

Lisette. Un insolent qui a eu l'effronterie d'entreprendre sur votre métier, et qui, sans votre ordonnance, vient de tuer un homme d'un grand coup d'épée au travers du corps.

M. Tomès. Écoutez, vous faites la railleuse; mais vous passerez par nos mains quelque jour.

Lisette. Je vous permets de me tuer lorsque j'aurai recours à vous.

SCÈNE III

LISETTE, CLITANDRE

Clitandre. Hé bien, Lisette, me trouves-tu bien ainsi?

Lisette. Le mieux du monde, et je vous attendois avec impatience. Enfin, le Ciel m'a faite d'un naturel le plus humain du monde, et je ne puis voir deux amants soupirer l'un pour l'autre qu'il ne me prenne une tendresse charitable et un désir ardent de soulager les maux qu'ils souffrent. Je veux, à quelque prix que ce soit, tirer Lucinde de la tyrannie où elle est, et la mettre en votre pouvoir. Vous m'avez plu d'abord; je me connois en gens, et elle ne peut pas mieux choisir. L'amour risque des choses extraordinaires, et nous avons concerté ensemble une manière de stratagème qui pourra peut-être nous réussir. Toutes nos mesures sont déjà prises. L'homme à qui nous avons affaire n'est pas des plus fins de ce monde, et, si cette aventure nous manque, nous trouverons mille autre voies pour arriver à notre but. Attendez-moi là seulement, je reviens vous querir.

SCÈNE IV

SGANARELLE, LISETTE

LISETTE. Monsieur, allégresse! allégresse!

SGANARELLE. Qu'est-ce?

LISETTE. Réjouissez-vous.

SGANARELLE. De quoi?

LISETTE. Réjouissez-vous, vous dis-je.

SGANARELLE. Dis-moi donc ce que c'est, et puis je me réjouirai peut-être.

LISETTE. Non, je veux que vous vous réjouissiez auparavant; que vous chantiez, que vous dansiez.

SGANARELLE. Sur quoi?

LISETTE. Sur ma parole.

SGANARELLE. Allons donc, la lera la la, la lera la! Que diable!

LISETTE. Monsieur, votre fille est guérie.

SGANARELLE. Ma fille est guérie!

LISETTE. Oui. Je vous amène un médecin, mais un médecin d'importance, qui fait des cures merveilleuses, et qui se moque des autres médecins.

SGANARELLE. Où est-il?

LISETTE. Je vais le faire entrer.

SGANARELLE. Il faut voir si celui-ci fera plus que les autres.

SCÈNE V

CLITANDRE, *en habit de médecin*, SGANARELLE, LISETTE

LISETTE. Le voici.

SGANARELLE. Voilà un médecin qui a la barbe bien jeune.

LISETTE. La science ne se mesure pas à la barbe, et ce n'est pas par le menton qu'il est habile.

Sganarelle. Monsieur, on m'a dit que vous aviez des remèdes admirables pour faire aller à la selle.

Clitandre. Monsieur, mes remèdes sont différents de ceux des autres: ils ont l'émétique, les saignées, les médecines et les lavements; mais moi, je guéris par des paroles, par des sons, par des lettres, par des talismans et par des anneaux constellés.

Lisette. Que vous ai-je dit?

Sganarelle. Voilà un grand homme.

Lisette. Monsieur, comme votre fille est là toute habillée dans une chaise, je vais la faire passer ici.

Sganarelle. Oui, fais.

Clitandre, *tâtant le pouls à Sganarelle*. Votre fille est bien malade.

Sganarelle. Vous connoissez cela ici?

Clitandre. Oui, par la sympathie qu'il y a entre le père et la fille.

SCÈNE VI

LUCINDE, LISETTE, SGANARELLE, CLITANDRE

Lisette. Tenez, Monsieur, voilà une chaise auprès d'elle. Allons, laissez-les là tous deux.

Sganarelle. Pourquoi? Je veux demeurer là.

Lisette. Vous moquez-vous? Il faut s'éloigner: un médecin a cent choses à demander qu'il n'est pas honnête qu'un homme entende.

Clitandre, *parlant à Lucinde à part*. Ah! Madame, que le ravissement où je me trouve est grand, et que je sais peu par où vous commencer mon discours! Tant que je ne vous ai parlé que des yeux, j'avois, ce me sembloit, cent choses à vous dire, et, maintenant que j'ai la liberté de vous parler de la façon que je souhaitois, je demeure interdit, et la grande joie où je suis étouffe toutes mes paroles.

LUCINDE. Je puis vous dire la même chose, et je sens comme vous des mouvements de joie qui m'empêchent de pouvoir parler.

CLITANDRE. Ah! Madame, que je serois heureux s'il étoit vrai que vous sentissiez tout ce que je sens, et qu'il me fût permis de juger de votre âme par la mienne! Mais, Madame, puis-je au moins croire que ce soit à vous à qui je doive la pensée de cet heureux stratagème qui me fait jouir de votre présence?

LUCINDE. Si vous ne m'en devez pas la pensée, vous m'êtes redevable au moins d'en avoir approuvé la proposition avec beaucoup de joie.

SGANARELLE, *à Lisette*. Il me semble qu'il lui parle de bien près.

LISETTE, *à Sganarelle*. C'est qu'il observe sa physionomie et tous les traits de son visage.

CLITANDRE, *à Lucinde*. Serez-vous constante, Madame, dans ces bontés que vous me témoignez?

LUCINDE. Mais, vous, serez-vous ferme dans les résolutions que vous avez montrées?

CLITANDRE. Ah! Madame, jusqu'à la mort. Je n'ai point de plus forte envie que d'être à vous, et je vais le faire paroître dans ce que vous m'allez voir faire.

SGANARELLE. Hé bien! notre malade, elle me semble un peu plus gaie.

CLITANDRE. C'est que j'ai déjà fait agir sur elle un de ces remèdes que mon art m'enseigne. Comme l'esprit a grand empire sur le corps, et que c'est de lui bien souvent que procèdent les maladies, ma coutume est de courir à guérir les esprits avant que de venir au corps. J'ai donc observé ses regards, les traits de son visage et les lignes de ses deux mains, et, par la science que le Ciel m'a donnée, j'ai reconnu que c'étoit de l'esprit qu'elle étoit malade, et que tout son mal ne venoit que d'une imagination déréglée, d'un désir dépravé de vouloir être mariée. Pour moi, je ne vois rien de plus extravagant et de plus ridicule que cette envie qu'on a du mariage.

SGANARELLE. Voilà un habile homme!

CLITANDRE. Et j'ai eu et aurai pour lui, toute ma vie, une aversion effroyable.

SGANARELLE. Voilà un grand médecin!

CLITANDRE. Mais, comme il faut flatter l'imagination des malades, et que j'ai vu en elle de l'aliénation d'esprit, et même qu'il y avoit du péril à ne lui pas donner un prompt secours, je l ai prise par son foible et lui ai dit que j'étois venu ici pour vous la demander en mariage. Soudain son visage a changé, son teint s'est éclairci, ses yeux se sont animés; et, si vous voulez pour quelques jours l'entretenir dans cette erreur, vous verrez que nous la tirerons d'où elle est.

SGANARELLE. Oui-da, je le veux bien.

CLITANDRE. Après nous ferons agir d'autres remèdes pour la guérir entièrement de cette fantaisie.

SGANARELLE. Oui, cela est le mieux du monde. Hé bien! ma fille, voilà monsieur qui a envie de t'épouser, et je lui ai dit que je le voulois bien.

LUCINDE. Hélas! est-il possible?

SGANARELLE. Oui.

LUCINDE. Mais, tout de bon?

SGANARELLE. Oui, oui.

LUCINDE. Quoi! vous êtes dans les sentiments d'être mon mari?

CLITANDRE. Oui, Madame.

LUCINDE. Et mon père y consent?

SGANARELLE. Oui, ma fille.

LUCINDE. Ah! que je suis heureuse, si cela est véritable!

Clitandre. N'en doutez point, Madame; ce n'est pas d'aujourd'hui que je vous aime et que je brûle de me voir votre mari. Je ne suis venu ici que pour cela; et, si vous voulez que je vous dise nettement les choses comme elles sont, cet habit n'est qu'un pur prétexte inventé, et je n'ai fait le médecin que pour m'approcher de vous et obtenir ce que je souhaite.

Lucinde. C'est me donner des marques d'un amour bien tendre, et j'y suis sensible autant que je puis.

Sganarelle. Oh! la folle! oh! la folle! oh! la folle!

Lucinde. Vous voulez donc bien, mon père, me donner monsieur pour époux!

Sganarelle. Oui. Çà, donne-moi ta main. Donnez-moi un peu aussi la vôtre, pour voir.

Clitandre. Mais, Monsieur...

Sganarelle, *s'étouffant de rire.* Non, non, c'est pour... pour lui contenter l'esprit. Touchez là. Voilà qui est fait.

Clitandre. Acceptez pour gage de ma foi cet anneau que je vous donne. C'est un anneau constellé, qui guérit les égarements d'esprit.

Lucinde. Faisons donc le contrat, afin que rien n'y manque.

Clitandre. Hélas! je le veux bien, Madame. (*A Sganarelle.*) Je vais faire monter l'homme qui écrit mes remèdes, et lui faire croire que c'est un notaire.

Sganarelle. Fort bien.

Clitandre. Holà! faites monter le notaire que j'ai amené avec moi.

Lucinde. Quoi? vous aviez amené un notaire?

Clitandre. Oui, Madame.

Lucinde. J'en suis ravie.

Sganarelle. Oh! la folle! oh! la folle!

SCÈNE VII

LE NOTAIRE, CLITANDRE, SGANARELLE, LUCINDE, LISETTE

(Clitandre parle au Notaire à l'oreille.)

SGANARELLE. Oui, Monsieur, il faut faire un contrat pour ces deux personnes-là. Écrivez. *(A Lucinde.)* Voilà le contrat qu'on fait. *(Au Notaire.)* Je lui donne vingt mille écus en mariage. Écrivez.

(Le Notaire écrit.)

LUCINDE. Je vous suis bien obligée, mon père.

LE NOTAIRE. Voilà qui est fait: vous n'avez qu'à venir signer.

SGANARELLE. Voilà un contrat bientôt bâti.

CLITANDRE. Au moins...

SGANARELLE. Hé! non, vous dis-je: sait-on pas bien? Allons, donnez-lui la plume pour signer. Allons, signe, signe, signe. Va, va, je signerai tantôt, moi.

LUCINDE. Non, non, je veux avoir le contrat entre mes mains.

SGANARELLE. Hé bien! tiens. *(Il signe.)* Es-tu contente?

LUCINDE. Plus qu'on ne peut s'imaginer.

SGANARELLE. Voilà qui est bien, voilà qui est bien.

CLITANDRE. Au reste, je n'ai pas eu seulement la précaution d'amener un notaire; j'ai eu celle encore de faire venir des voix et des instruments pour célébrer la fête et pour nous réjouir. Qu'on les fasse venir. Ce sont des gens que je mène avec moi, et dont je me sers tous les jours pour pacifier avec leur harmonie les troubles de l'esprit.

SCÈNE VIII

LA COMÉDIE, LE BALLET et LA MUSIQUE

Tous Trois Ensemble.

Sans nous tous les hommes
Deviendroient malsains,
Et c'est nous qui sommes
Leurs grands médecins.

La Comédie.

Veut-on qu'on rabatte
Par des moyens doux
Les vapeurs de rate
Qui vous minent tous?
Qu'on laisse Hippocrate,
Et qu'on vienne à nous.

Tous Trois Ensemble. Sans nous...

(*Durant qu'ils chantent, et que les Jeux, les Ris
et les Plaisirs dansent, Clitandre emmène Lucinde.*)

Sganarelle. Voilà une plaisante façon de guérir. Où
est donc ma fille et le Médecin?

Lisette. Ils sont allés achever le reste du mariage.

Sganarelle. Comment! le mariage?

Lisette. Ma foi, Monsieur, la bécasse est bridée, et
vous avez cru faire un jeu qui demeure une vérité.

Sganarelle. (*Les danseurs le retiennent et veulent le faire
danser de force.*) Comment, diable! Laissez-moi aller,
laissez-moi aller, vous dis-je. Encore? Peste des gens!

FIN

LE SICILIEN

OU

L'AMOUR PEINTRE

COMÉDIE

1667

PERSONNAGES

ADRASTE, gentilhomme françois, amant d'Isidore.

DOM PÈDRE, Sicilien, amant d'Isidore.

ISIDORE, Grecque, esclave de D. Pèdre.

CLIMÈNE, sœur d'Adraste[1].

HALI, valet d'Adraste.

LE SÉNATEUR.

MUSICIENS.

TROUPE D'ESCLAVES.

TROUPE DE MAURES.

DEUX LAQUAIS.

---

[1] This is the text of the old editions of the play, but the *livret du ballet* has ZAÏDE, *esclave*, and in Scene IX reference is made to a *jeune esclave*, though the name of CLIMÈNE has been substituted for that of ZAÏDE in the Scenes (XIV and XVI–XVIII) in which she appears. The natural inference is that Molière contemplated a change in the character, but did not carry it out.

LE SICILIEN

OU

L'AMOUR PEINTRE

COMÉDIE

SCÈNE PREMIÈRE

HALI, MUSICIENS

Hali, *aux musiciens.* Chut…N'avancez pas davantage, et demeurez dans cet endroit jusqu'à ce que je vous appelle. Il fait noir comme dans un four; le ciel s'est habillé ce soir en Scaramouche[1], et je ne vois pas une étoile qui montre le bout de son nez. Sotte condition que celle d'un esclave, de ne vivre jamais pour soi et d'être toujours tout entier aux passions d'un maître, de n'être réglé que par ses humeurs et de se voir réduit à faire ses propres affaires de tous les soucis qu'il peut prendre! Le mien me fait ici épouser ses inquiétudes, et, parce qu'il est amoureux, il faut que nuit et jour je n'aie aucun repos. Mais voici des flambeaux, et sans doute c'est lui.

SCÈNE II

ADRASTE et deux Laquais, HALI

Adraste. Est-ce toi, Hali?

Hali. Et qui pourroit-ce être que moi, à ces heures de nuit? Hors vous et moi, Monsieur, je ne crois pas que personne s'avise de courir maintenant les rues.

---

[1] Scaramouche est un personnage de la comédie italienne, entièrement vêtu de noir.

ADRASTE. Aussi ne crois-je pas qu'on puisse voir personne qui sente dans son cœur la peine que je sens. Car enfin ce n'est rien d'avoir à combattre l'indifférence ou les rigueurs d'une beauté qu'on aime; on a toujours au moins le plaisir de la plainte et la liberté des soupirs. Mais ne pouvoir trouver aucune occasion de parler à ce qu'on adore, ne pouvoir savoir d'une belle si l'amour qu'inspirent ses yeux est pour lui plaire ou lui déplaire, c'est la plus fâcheuse, à mon gré, de toutes les inquiétudes; et c'est où me réduit l'incommode jaloux qui veille avec tant de souci sur ma charmante Grecque, et ne fait pas un pas sans la traîner à ses côtés.

HALI. Mais il est, en amour, plusieurs façons de se parler; et il me semble, à moi, que vos yeux et les siens, depuis près de deux mois, se sont dit bien des choses.

ADRASTE. Il est vrai qu'elle et moi souvent nous nous sommes parlé des yeux; mais comment reconnoître que chacun de notre côté nous ayons comme il faut expliqué ce langage? Et que sais-je, après tout, si elle entend bien tout ce que mes regards lui disent, et si les siens me disent ce que je crois parfois entendre?

HALI. Il faut chercher quelque moyen de se parler d'autre manière.

ADRASTE. As-tu là tes musiciens?

HALI. Oui.

ADRASTE. Fais-les approcher. Je veux jusques au jour les faire ici chanter, et voir si leur musique n'obligera point cette belle à paroître à quelque fenêtre.

HALI. Les voici. Que chanteront-ils?

ADRASTE. Ce qu'ils jugeront de meilleur.

HALI. Il faut qu'ils chantent un trio qu'ils me chantèrent l'autre jour.

ADRASTE. Non, ce n'est pas ce qu'il me faut.

HALI. Ah! Monsieur, c'est du beau bécarre.

ADRASTE. Que diantre veux-tu dire avec ton beau bécarre?

HALI. Monsieur, je tiens pour le bécarre: vous savez que je m'y connois. Le bécarre me charme; hors du bécarre, point de salut en harmonie. Écoutez un peu ce trio.

ADRASTE. Non, je veux quelque chose de tendre et de passionné, quelque chose qui m'entretienne dans une douce rêverie.

HALI. Je vois bien que vous êtes pour le bémol; mais il y a moyen de nous contenter l'un et l'autre. Il faut qu'ils vous chantent une certaine scène d'une petite comédie que je leur ai vu essayer. Ce sont deux bergers amoureux, tout remplis de langueur, qui sur bémol viennent séparément faire leurs plaintes dans un bois, puis se découvrent l'un à l'autre la cruauté de leurs maîtresses, et là-dessus vient un berger joyeux, avec un bécarre admirable, qui se moque de leur foiblesse.

ADRASTE. J'y consens. Voyons ce que c'est.

HALI. Voici, tout juste, un lieu propre à servir de scène, et voilà deux flambeaux pour éclairer la comédie.

ADRASTE. Place-toi contre ce logis, afin qu'au moindre bruit que l'on fera dedans, je fasse cacher les lumières.

SCÈNE III

CHANTÉE PAR TROIS MUSICIENS

PREMIER MUSICIEN.

Si du triste récit de mon inquiétude
Je trouble le repos de votre solitude,
Rochers, ne soyez point fâchés.
Quand vous saurez l'excès de mes peines secrètes,
Tout rochers que vous êtes,
Vous en serez touchés.

Deuxième Musicien.

Les oiseaux réjouis, dès que le jour s'avance,
Recommencent leurs chants dans ces vastes forêts;
Et moi, j'y recommence
Mes soupirs languissants et mes tristes regrets.
Ah! mon cher Philène!

Premier Musicien.   *Ah! mon cher Tircis!*
Deuxième Musicien. *Que je sens de peine!*
Premier Musicien.   *Que j'ai de soucis!*

Deuxième Musicien.

Toujours sourde à mes vœux est l'ingrate Climène.

Premier Musicien.

Chloris n'a point pour moi de regards adoucis.

Tous deux.

O loi trop inhumaine!
Amour, si tu ne peux les contraindre d'aimer,
Pourquoi leur laisses-tu le pouvoir de charmer.

Troisième Musicien.

Pauvres amants, quelle erreur
D'adorer des inhumaines!
Jamais les âmes bien saines
Ne se payent de rigueur.
Et les faveurs sont les chaînes
Qui doivent lier un cœur.

On voit cent belles ici
Auprès de qui je m'empresse:
A leur vouer ma tendresse
Je mets mon plus doux souci;
Mais, lorsque l'on est tigresse,
Ma foi! je suis tigre aussi.

Premier et Deuxième Musiciens.

Heureux, hélas! qui peut aimer ainsi!

Hali. Monsieur, je viens d'ouïr quelque bruit au dedans.

Adraste. Qu'on se retire vite, et qu'on éteigne les flambeaux.

SCÈNE IV

DOM PÈDRE, ADRASTE, HALI

D. Pèdre, *sortant en bonnet de nuit et robe de chambre, avec une épée sous son bras.* Il y a quelque temps que j'entends chanter à ma porte, et sans doute cela ne se fait pas pour rien. Il faut que, dans l'obscurité, je tâche à découvrir quelles gens ce peuvent être.

Adraste. Hali?

Hali. Quoi?

Adraste. N'entends-tu plus rien?

Hali. Non.

(*D. Pèdre est derrière eux qui les écoute.*)

Adraste. Quoi? tous nos efforts ne pourront obtenir que je parle un moment à cette aimable Grecque, et ce jaloux maudit, ce traître de Sicilien, me fermera toujours tout accès auprès d'elle?

Hali. Je voudrois de bon cœur que le diable l'eût emporté, pour la fatigue qu'il nous donne, le fâcheux, le bourreau qu'il est. Ah! si nous le tenions ici, que je prendrois de joie à venger sur son dos tous les pas inutiles que sa jalousie nous fait faire!

Adraste. Si faut-il bien pourtant trouver quelque moyen, quelque invention, quelque ruse, pour attraper notre brutal; j'y suis trop engagé pour en avoir le démenti; et, quand j'y devrois employer...

Hali. Monsieur, je ne sais pas ce que cela veut dire,

mais la porte est ouverte; et, si vous le voulez, j'entrerai
doucement pour découvrir d'où cela vient.

(*D. Pèdre se retire sur sa porte.*)

Adraste. Oui, fais, mais sans faire de bruit. Je ne
m'éloigne pas de toi. Plût au Ciel que ce fût la charmante
Isidore!

D. Pèdre, *lui donnant sur la joue.* Qui va là?

Hali, *lui en faisant de même.* Ami.

D. Pèdre. Holà! Francisque, Dominique, Simon,
Martin, Pierre, Thomas, Georges, Charles, Barthélemy:
allons, promptement, mon épée, ma rondache, ma halle-
barde, mes pistolets, mes mousquetons, mes fusils! Vite,
dépêchez; allons, tue, point de quartier.

SCÈNE V

ADRASTE, HALI

Adraste. Je n'entends remuer personne. Hali! Hali!

Hali, *caché dans un coin.* Monsieur.

Adraste. Où donc te caches-tu?

Hali. Ces gens sont-ils sortis?

Adraste. Non, personne ne bouge.

Hali, *en sortant d'où il était caché.* S'ils viennent, ils
seront frottés.

Adraste. Quoi? tous nos soins seront donc inutiles, et
toujours ce fâcheux jaloux se moquera de nos desseins?

Hali. Non, le courroux du point d'honneur me prend;
il ne sera pas dit qu'on triomphe de mon adresse; ma
qualité de fourbe s'indigne de tous ces obstacles, et je
prétends faire éclater les talents que j'ai eus du Ciel.

Adraste. Je voudrois seulement que, par quelque
moyen, par un billet, par quelque bouche, elle fût avertie
des sentiments qu'on a pour elle, et savoir les siens là-dessus.
Après, on peut trouver facilement les moyens...

Hali. Laissez-moi faire seulement; j'en essayerai tant de toutes les manières que quelque chose enfin nous pourra réussir. Allons, le jour paroît; je vais chercher mes gens, et venir attendre en ce lieu que notre jaloux sorte.

SCÈNE VI

DOM PÈDRE, ISIDORE

Isidore. Je ne sais pas quel plaisir vous prenez à me réveiller si matin. Cela s'ajuste assez mal, ce me semble, au dessein que vous avez pris de me faire peindre aujourd'hui, et ce n'est guère pour avoir le teint frais et les yeux brillants que se lever ainsi dès la pointe du jour.

D. Pèdre. J'ai une affaire qui m'oblige à sortir à l'heure qu'il est.

Isidore. Mais l'affaire que vous avez eût bien pu se passer, je crois, de ma présence; et vous pouviez, sans vous incommoder, me laisser goûter les douceurs du sommeil du matin.

D. Pèdre. Oui; mais je suis bien aise de vous voir toujours avec moi. Il n'est pas mal de s'assurer un peu contre les soins des surveillants; et cette nuit encore on est venu chanter sous nos fenêtres.

Isidore. Il est vrai, la musique en étoit admirable.

D. Pèdre. C'étoit pour vous que cela se faisoit?

Isidore. Je le veux croire ainsi, puisque vous me le dites.

D. Pèdre. Vous savez qui étoit celui qui donnoit cette sérénade?

Isidore. Non pas; mais, qui que ce puisse être, je lui suis obligée.

D. Pèdre. Obligée!

Isidore. Sans doute, puisqu'il cherche à me divertir.

D. Pèdre. Vous trouvez donc bon qu'on vous aime?

Isidore. Fort bon: cela n'est jamais qu'obligeant.

D. Pèdre. Et vous voulez du bien à tous ceux qui prennent ce soin ?

Isidore. Assurément.

D. Pèdre. C'est dire fort net ses pensées.

Isidore. A quoi bon de dissimuler ? Quelque mine qu'on fasse, on est toujours bien aise d'être aimée: ces hommages à nos appas ne sont jamais pour nous déplaire. Quoiqu'on en puisse dire, la grande ambition des femmes est, croyez-moi, d'inspirer de l'amour. Tous les soins qu'elles prennent ne sont que pour cela, et l'on n'en voit point de si fière qui ne s'applaudisse en son cœur des conquêtes que font ses yeux.

D. Pèdre. Mais, si vous prenez, vous, du plaisir à vous voir aimée, savez-vous bien, moi qui vous aime, que je n'y en prends nullement ?

Isidore. Je ne sais pas pourquoi cela; et, si j'aimois quelqu'un, je n'aurois point de plus grand plaisir que de le voir aimé de tout le monde. Y a-t-il rien qui marque davantage la beauté du choix que l'on fait ? et n'est-ce pas pour s'applaudir que ce que nous aimons soit trouvé fort aimable ?

D. Pèdre. Chacun aime à sa guise, et ce n'est pas là ma méthode. Je serai fort ravi qu'on ne vous trouve point si belle, et vous m'obligerez de n'affecter point tant de la paroître à d'autres yeux.

Isidore. Quoi ? jaloux de ces choses-là ?

D. Pèdre. Oui, jaloux de ces choses-là, mais jaloux comme un tigre, et, si vous voulez, comme un diable. Mon amour vous veut toute à moi; sa délicatesse s'offense d'un souris, d'un regard qu'on vous peut arracher; et tous les soins qu'on me voit prendre ne sont que pour fermer tout accès aux galants, et m'assurer la possession d'un cœur dont je ne puis souffrir qu'on me vole la moindre chose.

Isidore. Certes, voulez-vous que je dise? vous prenez un mauvais parti; et la possession d'un cœur est fort mal assürée lorsque l'on prétend le retenir par force. Pour moi, je vous l'avoue, si j'étois galant d'une femme qui fût au pouvoir de quelqu'un, je mettrois toute mon étude à rendre ce quelqu'un jaloux, et l'obliger à veiller nuit et jour celle que je voudrois gagner. C'est un admirable moyen d'avancer ses affaires, et l'on ne tarde guère à profiter du chagrin et de la colère que donne à l'esprit d'une femme la contrainte et la servitude.

D. Pèdre. Si bien donc que, si quelqu'un vous en contoit, il vous trouveroit disposée à recevoir ses vœux?

Isidore. Je ne vous dis rien là-dessus. Mais les femmes enfin n'aiment pas qu'on les gêne; et c'est beaucoup risquer que de leur montrer des soupçons et de les tenir renfermées.

D. Pèdre. Vous reconnoissez peu ce que vous me devez; et il me semble qu'une esclave que l'on a affranchie, et dont on veut faire sa femme...

Isidore. Quelle obligation vous ai-je, si vous changez mon esclavage en un autre beaucoup plus rude? si vous ne me laissez jouir d'aucune liberté, et me fatiguez, comme on voit, d'une garde continuelle?

D. Pèdre. Mais tout cela ne part que d'un excès d'amour.

Isidore. Si c'est votre façon d'aimer, je vous prie de me haïr.

D. Pèdre. Vous êtes aujourd'hui dans une humeur désobligeante, et je pardonne ces paroles au chagrin où vous pouvez être de vous être levée matin.

SCÈNE VII

DOM PÈDRE, HALI, ISIDORE

(Hali entre en faisant plusieurs révérences à Dom Pèdre.)

D. Pèdre. Trêve aux cérémonies. Que voulez-vous?

Hali. (*Il se retourne devers Isidore à chaque parole qu'il dit à Dom Pèdre, et lui fait des signes pour lui faire connoître le dessein de son maître.*) Signor (avec la permission de la Signore), je vous dirai (avec la permission de la Signore) que je viens vous trouver (avec la permission de la Signore) pour vous prier (avec la permission de la Signore) de vouloir bien (avec la permission de la Signore)...

D. Pèdre. Avec la permission de la Signore, passez un peu de ce côté.

Hali. Signor, je suis un virtuose.

D. Pèdre. Je n'ai rien à donner.

Hali. Ce n'est pas ce que je demande. Mais, comme je me mêle un peu de musique et de danse, j'ai instruit quelques esclaves qui voudroient bien trouver un maître qui se plût à ces choses; et, comme je sais que vous êtes une personne considérable, je voudrois vous prier de les voir et de les entendre pour les acheter s'ils vous plaisent, ou pour leur enseigner quelqu'un de vos amis qui voulût s'en accommoder.

Isidore. C'est une chose à voir, et cela nous divertira. Faites-les nous venir.

Hali. *Chala bala*...Voici une chanson nouvelle qui est du temps. Écoutez bien. *Chala bala.*

SCÈNE VIII

*(Hali chante dans cette scène, et les esclaves dansent
dans les intervalles de son chant.)*

HALI ᴇᴛ ǫᴜᴀᴛʀᴇ Esᴄʟᴀᴠᴇs, ISIDORE, DOM PÈDRE

Hᴀʟɪ *chante.*

> *D'un cœur ardent, en tous lieux,*
> *Un amant suit une belle;*
> *Mais d'un jaloux odieux*
> *La vigilance éternelle*
> *Fait qu'il ne peut que des yeux*
> *S'entretenir avec elle:*
> *Est-il peine plus cruelle*
> *Pour un cœur bien amoureux?*

Chiribirida ouch alla!
        Star bon Turca[1],
    Non aver danara,
    Ti voler comprara,
        Mi servir à ti,
        Se pagar per mi:
    Far bona coucina,
    Mi levar matina,
    Far boller caldara.
    Parlara, parlara:
    Ti voler comprara.

---

[1] *Star bon Turca*, etc. Traduction: "Je suis bon Turc; je n'ai pas
d'argent. Voulez-vous m'acheter? Je vous servirai si vous payez pour
moi. Je fais de bonne cuisine; je me lève matin; je fais bouillir la
marmite. Parlez, parlez: voulez-vous m'acheter?"—Dans ce couplet,
nous avons cru devoir corriger deux fautes évidentes: *accina*, pour
cucina, cuisine; *cadara* pour *caldara*, chaudron, marmite.

C'est un supplice à tous coups
Sous qui cet amant expire;
Mais si d'un œil un peu doux
La belle voit son martyre
Et consent qu'aux yeux de tous
Pour ses attraits il soupire,
Il pourroit bientôt se rire
De tous les soins du jaloux.

Chiribirida ouch alla!
        Star bon Turca,
      Non aver danara,
      Ti voler comprara,
          Mi servir à ti,
          Se pagar per mi:
      Far bona coucina,
      Mi levar matina,
      Far boller caldara.
      Parlara, parlara:
      Ti voler comprara.

D. Pèdre.

Savez-vous, mes drôles,
Que cette chanson
Sent pour vos épaules
Les coups de bâton?

Chiribirida ouch alla!
      Mi ti non comprara,
      Ma ti bastonara,
      Si, ti non andara.
      Andara, andara,
      O ti bastonara.

Oh! oh! quels égrillards! Allons, rentrons ici; j'ai changé
de pensée, et puis le temps se couvre un peu. (*A Hali qui
paroît encore là.*) Ah! fourbe, que je vous y trouve!

Hali. Hé bien! oui, mon maître l'adore; il n'a point de
plus grand désir que de lui montrer son amour; et, si elle y
consent, il la prendra pour femme.

D. Pèdre. Oui, oui, je la lui garde.

Hali. Nous l'aurons malgré vous.

D. Pèdre. Comment? coquin...

Hali. Nous l'aurons, dis-je, en dépit de vos dents.

D. Pèdre. Si je prends...

Hali. Vous avez beau faire la garde, j'en ai juré, elle
sera à nous.

D. Pèdre. Laisse-moi faire, je t'attraperai sans courir.

Hali. C'est nous qui vous attraperons. Elle sera notre
femme, la chose est résolue; il faut que j'y périsse, ou que
j'en vienne à bout.

SCÈNE IX

ADRASTE, HALI

Hali. Monsieur, j'ai déjà fait quelque petite tentative;
mais je...

Adraste. Ne te mets point en peine, j'ai trouvé par
hasard tout ce que je voulois, et je vais jouir du bonheur
de voir chez elle cette belle. Je me suis rencontré chez le
peintre Damon, qui m'a dit qu'aujourd'hui il venoit faire le
portrait de cette adorable personne; et, comme il est depuis
longtemps de mes plus intimes amis, il a voulu servir mes
feux, et m'envoie à sa place avec un petit mot de lettre pour
me faire accepter. Tu sais que de tout temps je me suis plu
à la peinture, et que parfois je manie le pinceau, contre la
coutume de France, qui ne veut pas qu'un gentilhomme

sache rien faire: ainsi j'aurai la liberté de voir cette belle à mon aise. Mais je ne doute pas que mon jaloux fâcheux ne soit toujours présent, et n'empêche tous les propos que nous pourrions avoir ensemble; et, pour te dire vrai, j'ai, par le moyen d'une jeune esclave, un stratagème pour tirer cette belle Grecque des mains de son jaloux, si je puis obtenir d'elle qu'elle y consente.

HALI. Laissez-moi faire, je veux vous faire un peu de jour à la pouvoir entretenir. Il ne sera pas dit que je ne serve de rien dans cette affaire-là. Quand allez-vous?

ADRASTE. Tout de ce pas, et j'ai déjà préparé toutes choses.

HALI. Je vais, de mon côté, me préparer aussi.

ADRASTE. Je ne veux point perdre de temps. Holà! il me tarde que je ne goûte le plaisir de la voir.

SCÈNE X

DOM PÈDRE, ADRASTE

D. PÈDRE. Que cherchez-vous, cavalier, dans cette maison?

ADRASTE. J'y cherche le seigneur Dom Pèdre.

D. PÈDRE. Vous l'avez devant vous.

ADRASTE. Il prendra, s'il lui plaît, la peine de lire cette lettre.

D. PÈDRE *lit*. "Je vous envoie, au lieu de moi, pour le portrait que vous savez, ce gentilhomme françois, qui, comme curieux d'obliger les honnêtes gens, a bien voulu prendre ce soin, sur la proposition que je lui en ai faite. Il est, sans contredit, le premier homme du monde pour ces sortes d'ouvrages, et j'ai cru que je ne pouvois rendre un service plus agréable que de vous l'envoyer, dans le dessein que vous avez d'avoir un portrait achevé de la personne que

vous aimez. Gardez-vous bien surtout de lui parler d'aucune récompense, car c'est un homme qui s'en offenseroit, et
qui ne fait les choses que pour la gloire et pour la réputation."

D. Pèdre, *parlant au François.* Seigneur François, c'est
une grande grâce que vous me voulez faire; et je vous suis
fort obligé.

Adraste. Toute mon ambition est de rendre service aux
gens de nom et de mérite.

D. Pèdre. Je vais faire venir la personne dont il s'agit.

SCÈNE XI

ISIDORE, DOM PÈDRE, ADRASTE,
et deux Laquais

D. Pèdre. Voici un gentilhomme que Damon nous envoie, qui se veut bien donner la peine de vous peindre.
(*Adraste baise Isidore en la saluant, et Dom Pèdre lui dit*)
Holà! Seigneur François, cette façon de saluer n'est point
d'usage en ce pays.

Adraste. C'est la manière de France.

D. Pèdre. La manière de France est bonne pour vos
femmes; mais pour les nôtres elle est un peu trop familière.

Isidore. Je reçois cet honneur avec beaucoup de joie.
L'aventure me surprend fort, et, pour dire le vrai, je ne
m'attendois pas d'avoir un peintre si illustre.

Adraste. Il n'y a personne sans doute qui ne tînt à
beaucoup de gloire de toucher à un tel ouvrage. Je n'ai pas
grande habileté; mais le sujet ici ne fournit que trop de lui-
même, et il y a moyen de faire quelque chose de beau sur
un original fait comme celui-là.

Isidore. L'original est peu de chose, mais l'adresse du
peintre en saura couvrir les défauts.

Adraste. Le peintre n'y en voit aucun, et tout ce qu'il

souhaite est d'en pouvoir représenter les grâces aux yeux de tout le monde aussi grandes qu'il les peut voir.

Isidore. Si votre pinceau flatte autant que votre langue, vous allez me faire un portrait qui ne me ressemblera pas.

Adraste. Le Ciel, qui fit l'original, nous ôte le moyen d'en faire un portrait qui puisse flatter.

Isidore. Le Ciel, quoi que vous en disiez, ne...

D. Pèdre. Finissons cela, de grâce; laissons les compliments, et songeons au portrait.

Adraste. Allons, apportez tout.

(*On apporte tout ce qu'il faut pour peindre Isidore.*)

Isidore. Où voulez-vous que je me place?

Adraste. Ici. Voici le lieu le plus avantageux, et qui reçoit le mieux les vues favorables de la lumière que nous cherchons.

Isidore. Suis-je bien ainsi?

Adraste. Oui. Levez-vous un peu, s'il vous plaît. Un peu plus de ce côté-là; le corps tourné ainsi; la tête un peu levée, afin que la beauté du cou paraisse. Ceci un peu plus découvert. (*Il parle de sa gorge.*) Bon. Là, un peu davantage. Encore tant soit peu.

D. Pèdre. Il y a bien de la peine à vous mettre: ne sauriez-vous vous tenir comme il faut?

Isidore. Ce sont ici des choses toutes neuves pour moi, et c'est à Monsieur à me mettre de la façon qu'il veut.

Adraste. Voilà qui va le mieux du monde, et vous vous tenez à merveilles. (*La faisant tourner un peu devers lui.*) Comme cela, s'il vous plaît. Le tout dépend des attitudes qu'on donne aux personnes qu'on peint.

D. Pèdre. Fort bien.

Adraste. Un peu plus de ce côté; vos yeux toujours tournés vers moi, je vous en prie; vos regards attachés aux miens.

Isidore. Je ne suis pas comme ces femmes qui veulent, en se faisant peindre, des portraits qui ne sont point elles, et ne sont point satisfaites du peintre s'il ne les fait toujours plus belles que le jour. Il faudroit, pour les contenter, ne faire qu'un portrait pour toutes; car toutes demandent les mêmes choses: un teint tout de lys ou de roses, un nez bien fait, une petite bouche et de grands yeux vifs, bien fendus, et surtout le visage pas plus gros que le poing, l'eussent-elles d'un pied de large. Pour moi, je vous demande un portrait qui soit moi, et qui n'oblige point à demander qui c'est.

Adraste. Il seroit malaisé qu'on demandât cela du vôtre, et vous avez des traits à qui fort peu d'autres ressemblent. Qu'ils ont de douceurs et de charmes, et qu'on court de risque à les peindre!

D. Pèdre. Le nez me semble un peu trop gros.

Adraste. J'ai lu, je ne sais où, qu'Apelle peignit autrefois une maîtresse d'Alexandre, et qu'il en devint, la peignant, si éperdûment amoureux qu'il fut près d'en perdre la vie: de sorte qu'Alexandre, par générosité, lui céda l'objet de ses vœux. (*Il parle à Dom Pèdre.*) Je pourrois faire ici ce qu'Apelle fit autrefois; mais vous ne feriez pas peut-être ce que fit Alexandre.

Isidore. Tout cela sent la nation, et toujours Messieurs les François ont un fond de galanterie qui se répand partout.

Adraste. On ne se trompe guère en ces sortes de choses; et vous avez l'esprit trop éclairé pour ne pas voir de quelle source partent les choses qu'on vous dit. Oui, quand Alexandre seroit ici, et que ce seroit votre amant, je ne pourrois m'empêcher de vous dire que je n'ai rien vu de si beau que ce que je vois maintenant, et que...

D. Pèdre. Seigneur François, vous ne devriez pas, ce me semble, parler: cela vous détourne de votre ouvrage.

Adraste. Ah! point du tout. J'ai toujours de coutume
de parler quand je peins; et il est besoin, dans ces choses,
d'un peu de conversation, pour réveiller l'esprit, et tenir les
visages dans la gaieté nécessaire aux personnes que l'on veut
peindre.

SCÈNE XII

HALI, *vêtu en Espagnol,* DOM PÈDRE, ADRASTE, ISIDORE

D. Pèdre. Que veut cet homme-là? Et qui laisse
monter les gens sans nous en venir avertir?

Hali. J'entre ici librement; mais entre cavaliers telle
liberté est permise. Seigneur, suis-je connu de vous?

D. Pèdre. Non, Seigneur.

Hali. Je suis Dom Gilles d'Avalos, et l'histoire
d'Espagne vous doit avoir instruit de mon mérite.

D. Pèdre. Souhaitez-vous quelque chose de moi.

Hali. Oui, un conseil sur un fait d'honneur. Je sais
qu'en ces matières il est malaisé de trouver un cavalier plus
consommé que vous; mais je vous demande pour grâce
que nous nous tirions à l'écart.

D. Pèdre. Nous voilà assez loin.

Adraste, *regardant Isidore.* Elle a les yeux bleus.

Hali. Seigneur, j'ai reçu un soufflet: vous savez ce
qu'est un soufflet, lorsqu'il se donne à main ouverte, sur le
beau milieu de la joue. J'ai ce soufflet fort sur le cœur, et
je suis dans l'incertitude si, pour me venger de l'affront, je
dois me battre avec mon homme, ou bien le faire assassiner.

D. Pèdre. Assassiner, c'est le plus court chemin. Quel
est votre ennemi?

Hali. Parlons bas, s'il vous plaît.

Adraste, *aux genoux d'Isidore, pendant que Dom Pèdre
parle à Hali.* Oui, charmante Isidore, mes regards vous le

disent depuis plus de deux mois, et vous les avez entendus; je vous aime plus que tout ce que l'on peut aimer, et je n'ai point d'autre pensée, d'autre but, d'autre passion, que d'être à vous toute ma vie.

Isidore. Je ne sais si vous dites vrai, mais vous persuadez.

Adraste. Mais vous persuadai-je jusqu'à vous inspirer quelque peu de bonté pour moi?

Isidore. Je ne crains que d'en trop avoir.

Adraste. En aurez-vous assez pour consentir, belle Isidore, au dessein que je vous ai dit?

Isidore. Je ne puis encore vous le dire.

Adraste. Qu'attendez-vous pour cela?

Isidore. A me résoudre.

Adraste. Ah! quand on aime bien, on se résout bientôt...

Isidore. Hé bien! allez, oui, j'y consens.

Adraste. Mais consentez-vous, dites-moi, que ce soit dès ce moment même?

Isidore. Lorsqu'on est une fois résolu sur la chose, s'arrête-t-on sur le temps?

D. Pèdre, *à Hali*. Voilà mon sentiment, et je vous baise les mains.

Hali. Seigneur, quand vous aurez reçu quelque soufflet, je suis homme aussi de conseil, et je pourrai vous rendre la pareille.

D. Pèdre. Je vous laisse aller sans vous reconduire; mais entre cavaliers cette liberté est permise.

Adraste. Non, il n'est rien qui puisse effacer de mon cœur les tendres témoignages... (*Dom Pèdre apercevant Adraste qui parle de près à Isidore.*) Je regardais ce petit trou qu'elle a au côté du menton, et je croyais d'abord que ce fût une tache. Mais c'est assez pour aujourd'hui, nous finirons une autre fois. (*Parlant à Dom Pèdre.*) Non, ne regardez rien encore; faites serrer cela, je vous prie. (*A Isidore.*) Et vous, je vous conjure de ne vous relâcher point, et de garder un esprit gai, pour le dessein que j'ai d'achever notre ouvrage.

Isidore. Je conserverai pour cela toute la gaieté qu'il faut.

SCÈNE XIII

DOM PÈDRE, ISIDORE

Isidore. Qu'en dites-vous? Ce gentilhomme me paroît le plus civil du monde; et l'on doit demeurer d'accord que les François ont quelque chose en eux de poli, de galant, que n'ont point les autres nations.

D. Pèdre. Oui; mais ils ont cela de mauvais qu'ils s'émancipent un peu trop, et s'attachent en étourdis à conter des fleurettes à tout ce qu'ils rencontrent.

Isidore. C'est qu'ils savent qu'on plaît aux dames par ces choses.

D. Pèdre. Oui; mais, s'ils plaisent aux dames, ils déplaisent fort aux Messieurs; et l'on n'est point bien aise de voir, sur sa moustache, cajoler hardiment sa femme ou sa maîtresse.

Isidore. Ce qu'ils en font n'est que par jeu.

SCÈNE XIV

CLIMÈNE, DOM PÈDRE, ISIDORE

Climène, *voilée.* Ah! Seigneur cavalier, sauvez-moi, s'il vous plaît, des mains d'un mari furieux dont je suis poursuivie. Sa jalousie est incroyable, et passe dans ses mouvements tout ce qu'on peut imaginer. Il va jusques à vouloir que je sois toujours voilée; et, pour m'avoir trouvée le visage un peu découvert, il a mis l'épée à la main, et m'a réduit à me jeter chez vous pour vous demander votre appui contre son injustice. Mais je le vois paroître. De grâce, Seigneur cavalier, sauvez-moi de sa fureur.

D. Pèdre. Entrez là-dedans avec elle, et n'appréhendez rien.

SCÈNE XV

ADRASTE, DOM PÈDRE

D. Pèdre. Hé quoi? Seigneur, c'est vous? Tant de jalousie pour un François? Je pensais qu'il n'y eût que nous qui en fussions capables.

Adraste. Les François excellent toujours dans toutes les choses qu'ils font; et, quand nous nous mêlons d'être jaloux, nous le sommes vingt fois plus qu'un Sicilien. L'infâme croit avoir trouvé chez vous un assuré refuge; mais vous êtes trop raisonnable pour blâmer mon ressentiment. Laissez-moi, je vous prie, la traiter comme elle le mérite.

D. Pèdre. Ah! de grâce, arrêtez. L'offense est trop petite pour un courroux si grand.

Adraste. La grandeur d'une telle offense n'est pas dans l'importance des choses que l'on fait: elle est à transgresser les ordres qu'on nous donne; et, sur de pareilles matières, ce qui n'est qu'une bagatelle devient fort criminel lorsqu'il est défendu.

D. Pèdre. De la façon qu'elle a parlé, tout ce qu'elle en a fait a été sans dessein; et je vous prie enfin de vous remettre bien ensemble.

Adraste. Hé quoi? vous prenez son parti, vous qui êtes si délicat sur ces sortes de choses?

D. Pèdre. Oui, je prends son parti; et, si vous voulez m'obliger, vous oublierez votre colère, et vous vous réconcilierez tous deux. C'est une grâce que je vous demande, et je la recevrai comme un essai de l'amitié que je veux qui soit entre nous.

ADRASTE. Il ne m'est pas permis, à ces conditions, de vous rien refuser; je ferai ce que vous voudrez.

SCÈNE XVI

CLIMÈNE, ADRASTE, DOM PÈDRE

D. PÈDRE. Holà! venez. Vous n'avez qu'à me suivre, et j'ai fait votre paix. Vous ne pouviez jamais mieux tomber que chez moi.

CLIMÈNE. Je vous suis obligée plus qu'on ne saurait croire; mais je m'en vais prendre mon voile: je n'ai garde, sans lui, de paroître à ses yeux.

D. PÈDRE, *à Adraste*. La voici qui s'en va venir; et son âme, je vous assure, a paru toute réjouie lorsque je lui ai dit que j'avais raccommodé tout.

SCÈNE XVII

ISIDORE, *sous le voile de Climène*, ADRASTE, DOM PÈDRE

D. PÈDRE. Puisque vous m'avez bien voulu donner votre ressentiment, trouvez bon qu'en ce lieu je vous fasse toucher dans la main l'un de l'autre, et que tous deux je vous conjure de vivre, pour l'amour de moi, dans une parfaite union.

ADRASTE. Oui, je vous le promets, que, pour l'amour de vous, je m'en vais avec elle vivre le mieux du monde.

D. Pèdre. Vous m'obligez sensiblement, et j'en garderai la mémoire.

Adraste. Je vous donne ma parole, Seigneur Dom Pèdre, qu'à votre considération, je m'en vais la traiter du mieux qu'il me sera possible.

D. Pèdre. C'est trop de grâce que vous me faites. (*Après qu'ils sont sortis.*) Il est bon de pacifier et d'adoucir toujours les choses. Holà! Isidore, venez.

SCÈNE XVIII

CLIMÈNE, DOM PÈDRE

D. Pèdre. Comment? que veut dire cela?

Climène, *sans voile.* Ce que cela veut dire? Qu'un jaloux est un monstre haï de tout le monde, et qu'il n'y a personne qui ne soit ravi de lui nuire, n'y eût-il point d'autre intérêt; que toutes les serrures et les verrous du monde ne retiennent point les personnes, et que c'est le cœur qu'il faut arrêter par la douceur et par la complaisance; qu'Isidore est entre les mains du cavalier qu'elle aime, et que vous êtes pris pour dupe.

D. Pèdre. Dom Pèdre souffrira cette injure mortelle! Non, non, j'ai trop de cœur, et je vais demander l'appui de la justice pour pousser le perfide à bout. C'est ici le logis d'un sénateur. Holà!

SCÈNE XIX

LE SÉNATEUR, DOM PÈDRE

Le Sénateur. Serviteur, Seigneur Dom Pèdre. Que vous venez à propos!

D. Pèdre. Je viens me plaindre à vous d'un affront qu'on m'a fait.

Le Sénateur. J'ai fait une mascarade la plus belle du monde.

D. Pèdre. Un traître de François m'a joué une pièce.

Le Sénateur. Vous n'avez, dans votre vie, jamais rien vu de si beau.

D. Pèdre. Il m'a enlevé une fille que j'avais affranchie.

Le Sénateur. Ce sont gens vêtus en Maures, qui dansent admirablement.

D. Pèdre. Vous voyez si c'est une injure qui se doive souffrir.

Le Sénateur. Les habits merveilleux, et qui sont faits exprès.

D. Pèdre. Je vous demande l'appui de la justice contre cette action.

Le Sénateur. Je veux que vous voyiez cela. On la va répéter pour donner le divertissement au peuple.

D. Pèdre. Comment? de quoi parlez-vous là?

Le Sénateur. Je parle de ma mascarade.

D. Pèdre. Je vous parle de mon affaire.

Le Sénateur. Je ne veux point aujourd'hui d'autres affaires que de plaisir. Allons, Messieurs, venez; voyons si cela ira bien.

D. Pèdre. La peste soit du fou, avec sa mascarade!

Le Sénateur. Diantre soit le fâcheux, avec son affaire!

SCÈNE XX

*Plusieurs Maures font une danse entre eux, par où finit
la comédie.*

FIN

www.ingramcontent.com/pod-product-compliance
Ingram Content Group UK Ltd.
Pitfield, Milton Keynes, MK11 3LW, UK
UKHW042148280225
455719UK00001B/192

9 781107 677531